COUP D'OEIL

SUR LA

Politique de l'Europe,

ET

MOYENS D'ASSURER A JAMAIS LA FRANCE

CONTRE TOUTE COALITION ÉTRANGÈRE,

PAR

Lucien-Absalon CHARBONNEL,

AUTEUR D'UN NOUVEAU PLAN POUR FORTIFIER PARIS.

SE VEND CHEZ TOUS LES LIBRAIRES, A PARIS,

ET CHEZ L'AUTEUR,

RUE TRAVERSIÈRE SAINT-HONORÉ, N. 15.

PRIX : 5 FR.

IMPRIMERIE DE POLLET, SOUPE ET GUILLOIS,

RUE SAINT-DENIS, 380.

JANVIER 1841.

AVERTISSEMENT.

L'accueil flatteur qu'a reçu du Public le simple exposé de mon plan pour fortifier Paris, dont tous les exemplaires se sont trouvés entièrement épuisés en moins de quinze jours, m'engage à le reproduire plus complet, pour en faire mieux ressortir la possibilité d'exécution et satisfaire en même temps mes bienveillans lecteurs.

Cette nouvelle publication, précédée d'idées que je crois aussi utiles à mon pays, n'ayant toujours pour but que de lui prouver de plus en plus mon entier dévouement, j'ose compter encore sur toute l'indulgence de ce même Public qui, plein d'égards pour les intentions plutôt que pour le style, a si bien agréé mon faible début; et je laisse au temps comme aux plumes plus exercées que la mienne le soin de faire prévaloir mes convictions.

TABLE DES MATIÈRES.

COUP D'OEIL

SUR LA

POLITIQUE DE L'EUROPE,

ET

MOYENS D'ASSURER A JAMAIS LA FRANCE
CONTRE TOUTE COALITION ÉTRANGÈRE.

CHAPITRE PREMIER.

Politique de l'Europe, ou l'intention des quatre grandes puissances envers la France.

Prétentions de la Russie.

Remarquez son accroissement ! Près de quatre-vingt-quatre millions d'habitans ! Depuis 1813, elle a pris le premier rang parmi les quatre grandes puissances de l'Europe.

Sous l'empire français, elle ne visait qu'à subjuguer la malheureuse Pologne ; elle y est parvenue en 1830. On a pensé qu'elle en resterait là ; mais son ambition s'est grandement accrue, et il est à observer qu'à dater de cette époque (1830) sa politique a tout-à-fait changé.

De 1813 à 1830 elle employa tous ses moyens en ruses politiques pour réduire petit à petit les Anglais, qui aujourd'hui semblent vouloir nous tourner le dos.

Si notre révolution n'eût pas eu lieu, l'Anglais aurait eu, à n'en pas douter, la guerre avec la Russie. Chacun sait que l'Indostan est toute son ambition ; mais il lui est impossible de prétendre à sa possession tant que la France demeurera l'alliée de l'Angleterre. De là vient l'entier changement de politique de la Russie, qui s'est vue dans la nécessité de remettre à un moment plus opportun l'invasion de l'Indostan.

Dieu veuille que quand ce moment sera venu, et il ne manquera pas de se présenter tôt ou tard pour l'Angleterre, la France ne se montre pas à son tour disposée à lui tourner le dos! Au reste, l'intérêt de l'Angleterre n'est point précisément attaché à l'abaissement de la France, quand même elle l'oserait, et elle a, on peut le proclamer, bien plus besoin de la France que cette dernière n'a besoin d'elle, quoiqu'elle paraisse tenir si fort à son alliance.

Depuis la décadence de l'empire français jusqu'à 1830, les Russes ont fait tous leurs efforts pour soulever les Indiens contre l'Angleterre qui les gouverne. La Russie d'ailleurs n'a-t-elle pas tout à gagner dans ce vaste pays? et pour peu qu'elle continue, elle ne tardera pas à l'avoir comme partie intégrante de son territoire, à moins que l'Angleterre ne soit toujours en mesure de déjouer les ambitieux projets d'une telle rivale. La guerre que fait l'Angleterre en ce moment est plus dans l'intérêt de la Russie que dans le sien propre, et quoi qu'elle fasse pour la conquête d'une partie du pays du grand-sultan et de l'Egypte, elle ne la conservera pas longtemps. C'est donc, je le répète, tout-à-fait pour la Russie qu'elle travaille.

En présence des événemens actuels, qui ne sont que le triste présage d'un coup d'état prémédité contre la France, il nous importe de nous bien tenir sur nos gardes, pour qu'au premier indice de guerre nous soyons tous réunis et prêts à fondre d'un commun accord sur les ennemis de la France. Pour doubler notre courage, il nous suffira de songer à la barbarie exercée par les Russes sur nos anciens frères d'armes, les trop malheureux Polonais. Au dix-septième siècle, la Pologne était une des premières nations du deuxième ordre; son étendue était aussi grande que celle de la France. Elle avait quatorze millions d'habitans quand les trois grandes puissances, la Russie, l'Autriche et la Prusse se la partagèrent arbitrairement.

Les Polonais dans leur crise recoururent alors à la Russie, implorèrent son secours et lui demandèrent de vouloir bien devenir l'arbitre de leur patrie et s'en déclarer la protectrice. Que fit le despote du Nord? Il profita de l'occasion pour envoyer soixante mille hommes aux pauvres Polonais et achever de les écraser.

La Porte aujourd'hui se trouve tout-à-fait en semblable danger. On feint de la protéger , mais c'est pour mieux la dépouiller. Il a fallu bien des promesses pour faire consentir à un pareil acte l'Anglais, qui, après avoir rendu les Russes maîtres de la mer Noire, n'aura lui, pour toute récompense, que des armes qu'on tournera même contre lui. Et l'Allemagne qui, plus qu'aucune autre puissance, aurait des droits à Constantinople, comment prendra-t-elle cela? De plus, les czars qui, à leur avénement au trône, jurent tous de reprendre cette capitale, la verront-ils d'un bon œil passer ainsi en des mains plus dures que celles qui la possédaient?

CHAPITRE DEUXIÈME.

Danger que court l'Allemagne de nous faire la guerre. Pourtant elle nous la fera si la Porte est envahie.

Pour que l'Allemagne nous fasse la guerre, il faut qu'on lui ait fait aussi de bien grandes promesses au détriment de la France ; que le partage des conquêtes de Louis-le-Grand soit tacitement fait, et que l'Angleterre compte y avoir sa bonne part, par exemple, l'île de Corse, si toutefois elle veut encore s'en contenter. Plaise au ciel que les ennemis de la France aient vendu la peau de l'ours avant de l'avoir couché par terre !

Au surplus, valeureux Français, il sera facile de nous en convaincre par leur manière d'agir. L'essentiel est de ne point nous laisser prendre dans leurs filets. Ils ont de fortes raisons d'y regarder à deux fois avant de se brouiller ouvertement avec nous, surtout s'ils veulent se rappeler la leçon que nous leur donnâmes lors de la reprise de Toulon le 21 décembre 1793, où nous battîmes tout à la fois Anglais, Espagnols, Savoisiens et Napolitains.

Dira-t-on Napoléon n'est plus là ? Oui c'est vrai, le héros n'est plus, mais il nous reste bon nombre de Français jeunes et vigoureux, qui sauront toujours marcher sur les traces de leurs devanciers, et ne le céderont en rien aux immortels soldats de notre fameuse république. Nous en avons plus d'une preuve dans la prise d'Anvers, d'Alger, de Constantine et surtout celle de Mazagran, défendu si vaillamment par cent vingt et un braves commandés par le capitaine Lelièvre, d'illustre mémoire.

Quant à notre marine, le combat de Navarin, où nos troupes se signalèrent, témoigne aussi de la valeur française.

Aujourd'hui, notre force militaire est toute différente encore, et l'on s'occupe sans cesse de nous garantir des succès assurés. Cent régimens de ligne composeront, d'après la nouvelle organisation, notre belle armée. Oui, nous pouvons le dire hautement : la France est maintenant le double, même le triple de ce qu'elle était sous Charles X, qui n'a pris l'Algérie que parce que sa marine se trouvait sur un meilleur pied que son armée de terre. Mais revenons à notre armée, dont la cavalerie va être en état de faire trembler ses ennemis.

L'organisation de l'armée laisse pourtant à désirer, comme nous le démontrerons dans le chapitre suivant.

Je ne parlerai pas de notre invincible artillerie qui, chaque jour, prend un accroissement digne de son ancienne renommée. Qu'on se rappelle ces paroles de Napoléon : « Mon artillerie me sauve et me sauvera! » Quoi qu'il en soit, notre ministre de la guerre ferait peut-être bien de l'augmenter encore d'un bon quart, par la raison que la garde nationale en est privée. On devrait en établir plusieurs batteries sur la ligne du Rhin, et surtout envoyer des hommes capables de faire des points de fortification.

Il ne faut pas oublier qu'une ville bien fortifiée fait la sûreté d'un royaume, et qu'il vaut mieux dépenser un peu d'argent que d'avoir, par suite, à déplorer la perte d'une ville et de soldats. Quant à moi, j'ai l'espoir que si l'on nous faisait la guerre, nous en reprendrions encore des villes, nos troupes étant aujourd'hui bien plus belliqueuses que jamais.

Croira-t-on, parce que notre roi ne veut pas attaquer

le premier, qu'il ne se montre pas, quand il le faudra, le plus ferme et le plus résolu de son armée? Lui qu'en tous temps et en toutes circonstances, depuis notre dernière révolution, l'on a vu, tant de fois, affronter les dangers, serait-il possible que lui qui n'a jamais redouté la mort craignît d'aller au champ d'honneur? N'a-t-il pas fait preuve de vaillance lors de notre première révolution, comme à Jemmapes, Valmy et à tant d'autres batailles? Napoléon, qui savait apprécier le mérite des hommes, a dit, en parlant de notre roi citoyen : « C'est un homme d'un grand génie! » Ce monarque avait confiance en sa bravoure. Notre roi doit être fier de voir les Français lui crier : Soutenez la prépondérance de la France, nous, de notre côté, vous soutiendrons, et en vous rendant le premier roi de l'Europe, nous nous rappellerons que nous en sommes les premiers peuples.

Retenons bien, braves Français, que tous les peuples qui ont combattu pour leur honneur et leur indépendance, ont toujours triomphé de leurs tyrans. La France, la Belgique, la Suisse, l'Amérique et tant d'autres nations qui se sont rendues invincibles sous la bannière de la liberté, en sont des preuves irréfragables. Répétons-le : la France peut faire face aux quatre puissances, dont le but est d'entraîner avec elles, pour nous combattre, tous les petits royaumes qu'elles trouveront sur leur passage. Mais n'avons-nous pas le même avantage qu'elles? et hors du pays ne pouvons-nous y rentrer, comme aussi n'en laisser sortir qu'à bonne enseigne les ennemis de la France qui oseraient en souiller le territoire? Oui, certes, et nous traiterons le premier corps d'armée qui aura la témérité de se montrer sur le sol français, de manière à faire plaisir aux envieux. Respect à la France et honneur à son rang! Elle mérite bien d'obtenir ce qu'elle offre si volontiers, alliance et protection à tous ceux qui se disent ses amis. Le roi peut faire appel à son peuple, et l'on verra de toutes parts les Français endosser le sac, former de formidables bataillons et venir en foule se ranger au pied du trône.

C'est en vain qu'une poignée de misérables cherchent à avilir la France, en voulant détruire celui qui est si capable de la faire respecter dans ses plus grands dangers. Dieu le protège et le protégera toujours! Oui, Dieu protège notre bel ouvrage, puisque les balles, les projectiles ne peuvent rien sur le digne chef de notre liberté! Dieu le protégera également au champ d'honneur! Au mot de liberté nous nous rangerons sous les trois couleurs, et le coq gaulois n'aura pas de peine à combattre les trois aigles, quand même le lion serait à leur tête.

En attendant que l'Angleterre revienne de son erreur, les Russes ont fait rentrer leur instigateur de l'Indostan. Tout le monde sait que depuis 1813 ils ont employé tous les moyens possibles pour indisposer l'Indien contre son gouvernement. Mais patience!... Quand les Cosaques auront la domination de la mer Noire qui leur appartient déjà, Constantinople et les belles campagnes qui l'environnent sont très capables d'en inspirer à un ambitieux qui n'en aura jamais assez, et dont les regards se sont plus d'une fois tournés vers la belle Italie et ses voisins, qui pourraient bien un jour subir une séquestration comme la malheureuse Pologne.

Vous me pardonnerez, chers lecteurs, cette répétition, c'est que je voudrais vous pénétrer de la vérité. Hélas! on compte que la majeure partie de notre noblesse, nos prêtres, ainsi que nos anciens chouans, leur seront d'un grand secours. Mais le chef de ce parti est mort comme un saint, à ce qu'il a cru. Espérons, du moins, qu'il ne

fera pas de miracles, et comme l'a dit le célèbre Machiavel : « Chacun sait que ces gens-là couvrent leurs inté-
« rêts de ceux de la divinité, et qu'ils combattent tou-
« jours leurs ennemis avec des armes sacrées. »

Notre Dieu leur crie : Rappelez-vous, bons pasteurs,
que je ne veux pas d'esclaves ; je vous ai confié l'autel et
non le trône ; le crucifix doit être votre arme et non
l'épée.

Encore une fois, rassurons-nous et fions-nous à la
prudence de notre chef. Y a-t-il un Français qui soit
plus intéressé que lui à la conservation de son royaume?
Doit-il lancer son armée sur des peuples qui ne se sont
pas encore prononcés? Eh bien ! non, il fait sagement
d'attendre, parce qu'en attendant il s'organise, prend
des mesures qui valent mieux que d'exposer son royaume.
Faut-il qu'il marche parce que la majeure partie des
Français s'écrie : En avant ! Doit-il nous obéir pour
nous être agréable? C'est alors que chacun dirait, si les
choses ne tournaient pas à notre avantage : il ne devait
pas le faire, il nous a résisté et le mal jusqu'alors n'est
pas grand. Direz-vous pour cela que le roi et ses fils
craignent la guerre? Dissuadez-vous; le roi connaît trop
l'étendue de ses devoirs ! Le champ d'honneur le trouvera quand il sera temps, et lorsqu'il faudra triompher
de ses ennemis, lui et ses fils partageront l'honneur et
les fatigues des soldats.

Cependant on ne saurait assez le dire : tenons-nous
sur nos gardes, évitons le défaut dans lequel Pompée
tomba envers César. Pour ce qui est de la guerre, mé-
fions-nous même de ceux qui se disent nos amis. Voyez
l'histoire de la Pologne au XVIIe siècle ; combien elle fut
trompée! Espérons tout de Dieu ! il nous protège en nous
conservant notre liberté; la civilisation fera le reste en

ramenant une poignée d'insensés qui, pour la plupart, sont las de la vie.

Les peuples ont déjà fait un grand pas vers cette civilition, car les Romains, à commencer depuis César jusqu'à Maximien, eurent vingt-six empereurs, dont seize furent cruellement assassinés. Cependant il n'y a pas un de ces empereurs à la vie duquel on ait attenté si souvent qu'à celle de notre auguste monarque. Le XIIIe siècle eût cité en conséquence bien des miracles !

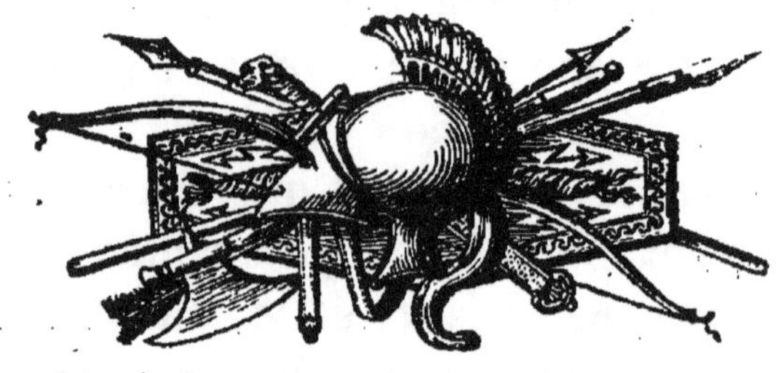

CHAPITRE TROISIÈME.

Le remplacement dans l'armée me semble être une assez mauvaise chose.

Les remplaçans, ceux surtout pris au sein de nos grandes villes, ne sauraient être, pour la plupart, soit par la manière dont ils ont été élevés, soit à cause de la vie vagabonde qu'ils sont accoutumés à mener, que de très mauvais soldats. Il me suffira pour le prouver d'en appeler à l'expérience. Pour le bien et le salut de l'état, je voudrais que tout citoyen appelé par le sort, et valide, servît pour son propre compte, et qu'il ne lui fût plus permis au moyen d'argent de se faire remplacer. S'il en était ainsi, l'armée, en cas de guerre, n'aurait pas à souffrir de la licence et de la mollesse des soldats, et la France ne serait pas, pour son malheur, exposée à la perte d'une bataille.

Par suite des privations qu'il a éprouvées, et de la vie licencieuse qu'il a souvent menée au physique comme au moral, le remplaçant vaut rarement celui qu'il remplace, et se soucie ordinairement fort peu que son régiment soit vainqueur ou vaincu, pourvu qu'il puisse, lui, manger à son aise le fruit de sa vente.

Il serait bon de suivre dans le choix des hommes qui se vouent au service militaire l'exemple de César ; il les aimait robustes, sans tenir précisément à la taille, préférant toujours ceux à petit ventre, à poitrine large, à col nerveux, à yeux vifs, à mains fortes, à jambes et pieds secs et à bras musculeux. « Dès qu'un homme, disait-il, a ces qualités, il est propre à faire un bon soldat. » Machiavel allait plus loin encore, il voulait que le militaire eût des mœurs ! Jugez maintenant, lecteurs, si dans la plupart de nos remplaçans il s'en trouve qui possèdent de semblables qualités; et ne pensez-vous pas déjà, comme moi, que ce serait plutôt au civil à conserver dans son sein de tels hommes, qu'à l'armée à les admettre dans le sien ? Elle y gagnerait sous tous les rapports, et la discipline de ses régimens n'aurait plus à souffrir du mauvais exemple et de la licence effrénée des vendus.

A l'appui de mes assertions je citerai le fait suivant, dont je fus témoin.

En 1818, appartenant à la légion du Calvados, alors en garnison à Caen, où résidait le dépôt, nous recrutâmes huit cents hommes composés de plus de deux cents remplaçans qui sortaient de Caen, Bayeux et autres petites villes voisines. Ces conscrits une fois habillés, se rendirent à Rennes. Pendant un mois qu'ils restèrent au dépôt, ils ne cessèrent d'être en état d'ivresse; ils ne sortaient le plus souvent du cabaret et autres lieux de débauche que pour entrer à la salle de police et au cachot. Nos jeunes soldats, entraînés par leur fatal exemple, devinrent bientôt insubordonnés et insolens.

Les cabaretiers et maîtresses de maisons eurent seuls à se louer de pareils hommes. De ce nombre, il s'en trouva même qui, pour complément d'une vie aussi déréglée, finirent, l'un par déserter, l'autre par se donner la mort après avoir mangé le restant de son argent. Ceux qui, après un an de leur passage sous les drapeaux, restèrent à faire partie de la légion, commandée par le colonel comte Lopino, homme excellent pour le soldat, se révoltèrent contre leurs chefs à l'exercice dans le Champ-de-Mars, à Rennes. On fut obligé d'en traduire une bonne partie devant un conseil de guerre, qui condamna ceux-ci au boulet, ceux-là aux compagnies de discipline. Eh bien ! ces peines ne les corrigèrent pas, et en voici la preuve.

L'année suivante, la légion quitta Rennes pour aller à Belle-Isle-en-Mer, où nous retrouvâmes plusieurs de ces anciens compagnons d'armes, quoique traînant le boulet, plus effrontés que jamais ; tant il est vrai de dire qu'en vain le gouvernement chercherait à améliorer la vie de tels hommes mal élevés, et voudrait, comme je l'ai déjà dit pour le bien et le salut de l'état, en tirer avantage.

Pour n'avoir désormais que de bons et vrais soldats et rendre ainsi notre armée à jamais invincible, il serait donc bien indispensable de ne plus y admettre de remplaçans.

Dialogue, à la caserne Popincourt, entre un grenadier de l'empire, surnommé LA GRENADE, un remplaçant parisien, nommé JACQUINET-LA-COURTILLE, faiseur de tours, et celui qu'il remplace.

LA GRENADE.

Dis donc, La Courtille, combien as-tu vendu ta peau ?

LA COURTILLE.

Vingt mille francs, et voici le gaillard qui doit me les compter.

LA GRENADE.

Ah ! c'est là l'homme que tu remplaces ! Mille bombes ! comme le gouvernement est volé ! Il vaut bien mieux que toi par sa bonne mine, son œil vif et sa belle carrure.

(*La Grenade au remplacé.*) Est-il vrai, paysan, que tu payes cette espèce d'homme vingt mille francs?

Le Remplacé.

Oui, en vérité; outre ce qu'il m'a fallu débourser à droite, à gauche, pour le faire recevoir, et de plus, une montre d'or que je vais encore lui donner.

La Grenade.

C'est mille fois plus qu'il ne vaut. Vois donc ce physique, cet ensemble : Est-il sale! (*La Grenade à La Courtille.*) Foi de grenadier, tu ne feras jamais qu'un argousin à l'ambulance, ou bien un triste pilier d'hôpital. Es-tu seulement capable de couper la moustache à un Autrichien et de faire la barbe à un Prussien, comme le ferait, je n'en doute pas, ce gros réjoui-là?

La Courtille.

Ah çà, grenadier, pas de mystifications : un homme est un homme; et, dites-moi, où diable voulez-vous en venir?

La Grenade.

Toi, un homme! oh! entendons-nous : tu n'en as que le nom d'homme; c'est tout comme si tu me disais qu'un canon est un fusil. Si encore l'on t'avait pris pour ton compte, je consentirais, sans mot dire, à ce que tu fisses nombre; mais tu conviendras toi-même que perdre un si beau grenadier pour un cricri comme toi qui n'a que la langue, ça fait mal.

La Courtille.

Allons, grenadier, trève de vos mauvais complimens. Venez avec le paysan et moi faire un brin de noce, et vous me verrez un jour au feu ou vous entendrez dire que je m'y suis trouvé.

LA GRENADE.

Oui, au feu de la marmite. Oh! mille zyeux! que de remplaçans comme toi il eût fallu à l'armée française pour franchir le pont d'Arcole et la faire triompher à Marengo, à Wagram et à la Moscowa!

LA COURTILLE.

Encore une fois, grenadier, dites-moi, où voulez-vous donc en venir? Au surplus, je connais le tour.

LA GRENADE.

Le tour que tu connais est le tour du gobelet, et celui-là ne suffit pas pour escamoter les Russes ni gagner des batailles.

LA COURTILLE.

Mais que me manque-t-il donc pour faire un bon soldat?

LA GRENADE.

Précisément ce que tu n'as pas.

LA COURTILLE.

Eh bien! grenadier, en attendant que cela me vienne, allons toujours dîner ensemble à la Courtille.

LA GRENADE.

Puisque tu tiens absolument à être honoré de ma présence, j'accepte d'autant plus volontiers que tu régales, que je serai plus tard, à cause de la fragilité de ton individu, obligé de payer à mon tour, à coups de sabre, pour toi, les ennemis de la France.

LA COURTILLE.

Tout va bien. Avec de l'argent on se tire toujours partout d'affaire; c'est seulement une *saignée de plus au paysan.*

CHAPITRE QUATRIÈME.

De bons diplomates valent de bons généraux ; la plume et la parole ont souvent plus fait que le canon.

Un bon diplomate peut facilement obtenir l'alliance de l'Amérique, si l'Angleterre se ligue contre notre liberté. Nous possédons une grande partie de la mer de l'Océan ; c'est-là que l'Algérie va nous devenir d'un grand prix, puisque toute la côte d'Afrique coïncide à merveille avec celle du midi de la France.

En passant, je dirai qu'il serait bon d'envoyer un quart en plus de troupes dans cette nouvelle France, en finir avec les Bedouins ou les soumettre, parce que ce serait un grand pas de fait. Une fois désunis, et dans le cas où ils viendraient à se soulever de nouveau, nous nous serions toujours emparé de leurs villes fortes ; ils ne combattraient plus que comme troupe vagabonde, et se trouveraient en majeure partie rebutés par leurs compatriotes.

Aussi, notre roi a-t-il fait preuve d'une grande politique en les gouvernant par la modération ! Espérons que s'il nous fait des conquêtes, il saura encore mieux les garder. C'est positivement sa tactique qui déplaît aux ambitieux et à ceux qui voudraient le voir détrôné ; mais la masse des Français n'ignore pas ce que nous perdîmes pour n'avoir pas soutenu le plus grand des empereurs.

Oh ! vous le savez, Français, nous serons toujours assez forts toutes les fois que nous aurons un roi libéral qui rendra à tous bonne et loyale justice, au moyen des institutions qu'il a ratifiées devant Dieu et les hommes ;

il n'y a pas besoin de l'appui de nos voisins pour qu'il soit roi des Français.

Revenons à l'Amérique, qui vit depuis fort longtemps auprès des possessions anglaises. Je ferai observer que l'Anglais, dans tous les pays connus, tient à dominer, en voulant faire sa part d'après son choix. Dès que vous le contrariez, ou que vous le privez de cette bonne fortune, vous êtes sûr de vous l'attirer sur les bras. Heureux que les Américains ne lui cèdent en rien de leurs avantages !

Je disais qu'un habile diplomate en favorisant le débit dequelques-unes de leurs denrées nous assurerait un ami sincère. Leur marine réunie à la nôtre, pourrait battre le reste de la terre, car on l'estime aussi forte que la marine anglaise. Quel coup de main ne pourrions-nous pas lui donner contre l'Angleterre, que la France n'a jamais redoutée !

Désirez-vous avoir une idée du nombre de fois que cette orgueilleuse nation a été envahie tant par nous que par d'autres puissances ? En voici le tableau le plus exact que j'aie pu me procurer, à partir de 449 jusqu'en 1744, non compris Jules-César.

449. Descente des Saxons en Angleterre.
451. Idem.
452. Idem des mêmes.
477. Descente des mêmes qui ravagent l'Angleterre.
501. Idem.
502. Autre descente par les mêmes.
527. Arrivée des Anglais, qui donnent leur nom à la Grande-Bretagne.
794. Descente des Danois pour la première fois en Angleterre.

795. Descente des Danois qui viennent en Angleterre.

833. Les mêmes débarquent avec 37 vaisseaux à Charmouth et ravagent l'Angleterre.

835. Les mêmes débarquent à Cornouailles.

838. Les mêmes font une descente et dévastent l'Angleterre.

852. Autre expédition. Une flotte de 305 voiles entre dans la Tamise.

860. Arrivent les Danois, qui mettent l'Angleterre à feu et à sang.

866. Les mêmes font une descente et deviennent maîtres de l'Angleterre.

876. Rollon, avec une armée de Normands, fait une descente, et passe en France où il s'établit.

904. Les Normands de France descendent à Essex.

981. Arrivée des Danois, qui saccagent l'Angleterre.

992. Les Danois reviennent à Ipswich.

993. Les Danois reviennent de nouveau et combattent le roi d'Angleterre nommé Ethelred II.

994 Swein, roi de Danemarck, et Olaüs, roi de Norwège, s'approchent de Londres avec une flotte nombreuse qui séjourne dans la Tamise.

998. Une flotte de 300 vaisseaux commandée par Swein, roi de Danemarck, met l'Angleterre à feu et à sang, jusqu'à ce qu'elle lui ait donné une forte rançon.

1004. Vers la fin de 1004, une autre flotte danoise revient et bat de nouveau les Anglais.

1005. Autre descente des Danois en Angleterre.

1012. Nouvelle descente des Danois.

1013. Autre descente   idem.

1017. Swein, roi de Danemarck, assaillit les Anglais avec une grande flotte, et se fait proclamer roi.

Swein meurt. Son fils fait une nouvelle descente et se fait aussi proclamer roi à la place de son père.

1046. Les Danois reviennent y répandre la terreur.

1062. Au commencement de cette année arrive Farger, roi de Norwège, avec Toston, qui infestent les côtes d'Angleterre.

1066. Les mêmes revenant avec 495 vaisseaux, réduisent l'Angleterre.

1066. Guillaume, duc de Normandie, fait une descente en Angleterre, et en devient roi après l'avoir conquise.

1069. Les Danois redescendent en Angleterre.

1071. Les Danois reviennent encore ravager l'Angleterre.

1072. Au commencement de l'année arrivent les Danois.

1074. Les mêmes débarquent en Angleterre.

1101. Robert, duc de Normandie, descend à Portsmouth.

1139. L'impératrice Mathilde descend en Angleterre et établit sa résidence à Portsmouth.

1144. Vers le commencement de l'année, Mathilde revient.

1149. Henri, fils du duc de Normandie, descend en Angleterre.

1152. Descente en Angleterre par le même.

1216. Les Français débarquent en Angleterre avec une flotte de 700 vaisseaux.

1217. Nouveau débarquement des Français.

1339. Les Français descendent en Angleterre.

1340. Idem idem plusieurs fois.

1377. Les Ecossais ravagent l'Angleterre.

1378. Les Ecossais reviennent sur les côtes d'Angleterre.

1380.   Les Français et les Espagnols ravagent l'Angleterre.

1399.   Lancastre descend en Angleterre.

1403.   Les Français descendent dans quelques îles anglaises.

1404.   Les mêmes descendent à Portsmouth.

1405.   Les mêmes descendent dans le pays de Galles.

1457.   Les mêmes reviennent à la charge.

1461.   Descente en Angleterre pendant la désunion de Lancastre et d'Yorck.

1463.   Une flotte française débarque Marguerite, épouse de Henri VI, roi d'Angleterre, rentre dans sa patrie.

1470.   Warwick s'embarque au Havre, descend en Angleterre, et y détrône Edouard IV.

1471.   Edouard IV revient en Angleterre et remonte sur le trône.

1485.   Charles VIII, roi des Français, protège Henri, comte de Richemond, lui prête une flotte qui débarque en Angleterre, et où il est déclaré roi sous le nom de Henri VII.

1495.   Perkin descend en Angleterre.

1498.   Le même.

1513.   Les Français descendent en Angleterre.

1514.   Les mêmes.

1545.   Les Français descendent par trois endroits différens dans l'île de Wight.

1549.   Les Français tentent de prendre Guernesey et Gersey.

1557.   Plusieurs Anglais, dont Strafford était du nombre, s'embarquèrent en France et débarquèrent en Angleterre.

1580.   Descente des Epagnols et des Italiens en Irlande.

1588. Les Espagnols font plusieurs tentatives pour en-
       vahir l'Angleterre.
1601. Descente des Espagnols en Irlande.
1685. Le comte d'Argyle descend en Angleterre.
1688. Descente du prince d'Orange en Angleterre. Il se
       fait proclamer roi sous le nom de Guillaume III.
1717. Jacques III, fils de Jacques II, descend en Ecosse.
1719. Descente des Espagnols en Ecosse.
1744. Descente du prince Edouard en Ecosse.

On voit que depuis 1744, époque de l'accroissement de la marine anglaise, cette puissance s'est bien préservée d'invasion. Hâtons-nous donc d'augmenter la nôtre d'un quart, si nous ne pouvons la doubler d'ici à quelques années, par l'adoption du plan proposé par le maréchal Clauzel, dont le but est de construire quantité de bateaux à vapeur en fer destinés à couvrir nos côtes de Normandie. A cela nous devrons notre prépondérance première.

Si nous avions eu une marine assez forte sous l'empire, l'Anglais était pris ; sans marine, un royaume quel qu'il soit n'est rien par le fait. Faisons des vœux pour que notre gouvernement s'empresse d'augmenter la nôtre de moitié si cela est possible.

En attendant nous avons des armateurs dans nos ports marchands tout prêts à soulager leur patrie. Nos fameux Bretons et nos braves Normands reproduiraient encore des Jean Bart, des Duguesclin et tant d'autres capables de faire respecter l'ancien roi des mers, Louis XIV, le plus grand marin de l'Europe et le seul digne d'un aussi beau nom.

CHAPITRE CINQUIÈME.

Il y a des libéraux dans tous les pays.

Depuis que l'Angleterre s'est coalisée contre nous, ses habitans ont bu à la santé de notre liberté et de nos trois couleurs. Ce peuple l'a portée cette couleur tricolore en criant Vengeance ! Oui, nous nous félicitons d'avoir des amis dans toute l'Europe ; l'Allemagne en compte sur nos frontières, la Prusse aussi, sans y comprendre la malheureuse Pologne qui nous affectionne depuis des siècles; tandis que la Russie est haïe de tous ceux qu'elle a rendu ses esclaves, témoins la Perse, la Turquie, la Pologne et tant d'autres qui n'ont point été séquestrés par elle.

Hélas ! souvenons-nous qu'un seul revers nous a ramenés à notre premier état. La Russie ne peut-elle pas reculer encore devant l'armée française ? serait-ce la première fois ? Donc elle s'expose à perdre le fruit de toute son ambition, et l'Allemagne à nous rendre nos conquêtes de l'empire sans que nous ayons pensé à les reprendre ; car nous voulons la paix. Si on nous cherche on nous trouvera comme en 1793 et toutes les fois que l'on nous a attaqués. Cela a porté bonheur à la France.

Espérons encore pour l'avenir : la France est vieille en comparaison de son ennemie la Russie, à qui elle pourra bien survivre. La France est le royaume d'Europe le mieux fortifié de tous : plus de la moitié est entourée par trois mers, la Normandie par la Manche, la Bretagne en grande partie par l'Océan, le midi par la Méditerranée, les frontières d'Espagne par les Pyrénées, l'Allemagne par de bonnes villes bien fortifiées.

Soyons unis en pensant à notre belle patrie ; si nous

ne redevenons pas ce que nous avons été, nous apprendrons à nos ennemis que nous resterons malgré eux ce que nous sommes. La guerre est peut-être pour nous une grande fortune ; la chercher serait folie, mais la fuir par des moyens indignes de nous, serait pis que tous les revers qui pourraient nous arriver. La France est riche et capable de soutenir une guerre de dix ans contre ses ennemis. L'Angleterre est endettée ; au milieu de sa prépondérance elle vit sur son crédit. Elle a toujours plus entrepris que ses forces ne le lui ont permis. Est-ce ambition ? est-ce jalousie ? Ce qu'il y a de bien certain c'est que l'esprit de domination qui l'a portée à n'avoir ni parole ni amis, est très prononcé chez elle, et dès qu'elle trouve de l'avantage à vous tourner le dos, elle le fait sans scrupule.

Ainsi donc, croire à son alliance, est folie ; croire à sa parole, est abus. Il faut vivre avec elle au jour le jour, et se méfier de son amitié.

CHAPITRE SIXIÈME.

Nouveau plan d'organisation pour avoir sous les armes trois millions de gardes nationaux ; vice qui existe et qu'il faut s'efforcer de détruire.

Notre roi s'est réservé le droit de nommer aux grades dans la milice citoyenne, depuis le général jusqu'au chef de bataillon. N'aurait-il pas bien fait, en cas de guerre, de nommer aussi les capitaines ? Espérons cependant que nous n'aurons pas sujet de nous en plaindre.

La garde nationale de Paris et de la banlieue fait admirablement son service ; elle a une tenue digne d'une garde noble et toute dévouée au roi, aux lois et au maintien de l'ordre public. Après celle de Paris, citez-en une qui fasse bien son service, excepté celle de Metz et trois ou quatre autres qui imitent si bien son exemple ! Hors cela, c'est absolument comme s'il n'y en avait pas.

Il règne donc un vice dans cette organisation, qui tient à la fierté. Que dis-je, fierté ? c'est tout bonnement de la pédanterie

Dès qu'on nomme un chef qui déplaît à la compagnie, on ne veut plus monter sa garde, on se rit de ses ordres ; tout cela parce qu'il est pauvre. Sachez donc, riches ou titrés que vous êtes, qu'il y a bien plus de honte à dédaigner un semblable chef qu'à lui obéir, lorsqu'il vous commande de servir votre patrie. Je ne rapporterai que ce vice, quoiqu'il y ait une foule d'autres qui partent toujours du même principe. Pour y remédier, que faut-il faire ?

1° Nommer autant de lieutenans-généraux qu'il y a de départemens, c'est-à-dire quatre-vingt-sept. Ces lieutetenans-généraux ne seraient soldés que comme des sous-préfets qui dépendraient du préfet et résideraient au chef-lieu. Un lieutenant-général exigerait que toute sa légion fût une fois par mois passée en revue par lui et par arrondissement. Un dimanche, il en passerait un canton, ainsi de suite ; tous les quatre mois, il passerait la revue dans son chef-lieu.

2° Chaque arrondissement aurait un adjudant-major qui rendrait un compte exact au lieutenant-général. Une bonne discipline bien établie ramènerait la garde nationale à ses devoirs.

3° Chaque canton aurait un adjudant sous-officier ou sergent-major. L'un ou l'autre rendrait compte exact du service de son canton, surveillerait tous les chefs et les soldats, et tiendrait en note l'état de service tel qu'il se ferait.

Les capitaines, les lieutenans et leurs subordonnés, sauraient à qui se plaindre de ceux qui manqueraient à leur service.

4° Il faudrait incorporer tous les hommes à gages, et une infinité de chefs de petits établissemens qui se disent ouvriers à façon. Dès qu'un domestique est garde national, personne ne peut se refuser à monter sa garde. Combien de ces mêmes petits chefs d'établissemens vont trouver leurs amis pour tâcher de s'en exempter ! L'un va chez un maître tailleur lui demander un certificat qui constate qu'il travaille à façon. Un bottier en fait de même ; enfin tous les métiers agissent ainsi.

Le domestique qui est bien vêtu, bien nourri, et qui est las de ne rien faire, ne peut-il pas monter sa garde ? Oui ! alors on dira à l'ouvrier : quand même vous seriez domestique, vous ne seriez pas exempt de monter votre garde. De plus, le maître est obligé de nourrir ses gens pendant leurs jours de garde. Enfin, il faut n'avoir de partialité pour personne. Le noble et le riche qui vont, pendant six mois, à la campagne, doivent faire leur service dans la commune où ils résident. Cela est facile à faire par le moyen du général et des deux adjudans, qui prennent chez le maire de chaque commune le nom des bourgeois qui y ont leur résidence. Dès-lors le service se fera bien partout, et vous aurez sous les armes des troupes exercées par le moyen de fréquentes revues.

5° Voulez-vous que la discipline soit bien établie et maintenue à la fois ? Portez des amendes que vous tiendrez enregistrées et qui se paieront sur les impositions.

Le maître étant informé de l'amende encourue par son domestique, tiendra compte de l'opposition qui lui sera faite sur ses gages. Cette somme étant déposée peut servir à donner trois sous par lieue à ceux qui n'auraient pas le moyen de se rendre tous les quatre mois au chef-lieu du département.

6° Avoir soin que le lieutenant-général de même que ses adjudans ne soient pas du même département, afin qu'il n'y ait point de privilége ; dès-lors vous verrez le riche obéir à son chef. Un jour de garde doit se regarder comme un jour de *fraternisation*. Souvenez-vous que l'union fait la force !

7° Les chefs supérieurs de la légion seraient débarrassés d'une mauvaise corvée, car commander à ses voisins, à ses amis, cela passe ; mais les punir, c'est difficile. Remarquez que dans Paris d'une rue à l'autre personne ne se connaît. Mais c'est tout différent en province, où l'on se connaît au contraire à dix lieues à la ronde. Partant, il ne peut donc y avoir de véritable garde nationale qu'au moyen d'une bonne discipline.

Forcer la nation à se sauver, est faire son bonheur.

En cas d'appel à la patrie, celui qui refuserait d'obéir aurait ses surveillans qui lui imposeraient ses devoirs. Hâtez-vous donc, citoyens, de vous faire organiser et de passer sous les drapeaux du lieutenant - général et de défendre la patrie. Partout l'ennemi trouverait alors résistance. Les jeunes gens feraient partie de l'armée, les vieux défendraient les épouses de ceux qui seraient au champ d'honneur; et le soldat qui rentrerait dans ses foyers ne perdrait plus l'habitude du maniement des armes : *Où la liberté règne, la force y règne !*

Récapitulons le nombre d'hommes capables de porter les armes, depuis vingt ans jusqu'à cinquante seulement. Nous avons en France environ trente - cinq millions d'ames. Essayons de les classer d'après le tableau de 1836.

1° Du jour de la naissance jusqu'à 12 ans, il y a environ 15 millions d'enfans qui se réduisent, par la mort, à 8,000,000

2° De 12 à 20. Personnes des deux sexes. 5,000,000

3° De 20 à 40. Personnes également des deux sexes 7,000,000

4° De 40 à 50. *Idem.* 6,000,000

5° De 50 à 100 et au-delà *Idem.* 9,000,000

Total. 35,000,000

Réduction d'après le tableau statistique de 1836 qui ne donne que 16,460,701 hommes.
et . . . . 17,080,209 femmes.

De 20 à 50. Personnes des deux sexes 13,000,000

Femmes 7,000,000

Reste d'hommes 6,000,000

Clergé et armée de terre et de mer.	500,000
Mendians et hommes infirmes....	1,500,000
Gens de barreau et employés.....	1,000,000
Reste donc, *gardes nationaux disponibles.*	3,000,000

Y compris nobles et bourgeois, domestiques, et petits ouvriers qui cherchent toujours à éluder un jour de garde par mois. Montrons-nous et disciplinons ceux de mauvaise volonté. Voici assez d'hommes pour faire respecter la France, en les organisant comme il est dit ci-dessus. Sans discipline, pas de troupe, et bien moins encore de garde nationale; car trois millions d'hommes en France, sans compter nos armées, suffisent pour prouver à ceux qui voudraient nous alléguer qu'ils trouveraient résistance dans tous les départemens...

CHAPITRE SEPTIÈME.

Moyen d'avoir une armée formidable et invincible.

Il faut revenir à une garde nommée valoise ou garde orléantale; enfin le mot n'y fait rien, pourvu cependant qu'elle ne porte pas celui de garde royale.

Il manque à notre armée une ame qui est 40,000 hommes de garde orléantale. Pour apprécier la valeur d'un semblable corps d'armée, souvenez-vous de l'ex-garde impériale, qui sauva tant de fois la France. Pour que la nouvelle vaille celle dont je parle, il y a deux choses essentielles à observer strictement:

1° N'admettre dans cette dernière que de vieux soldats, ou pour mieux dire que ceux qui auront fini leur temps dans l'armée; leur faire contracter des engagemens de dix ans pour l'infanterie et quinze pour la cavalerie; prendre les officiers dans cette même armée et exiger dix années au moins de service. Dès que la loi aura défendu à un homme quel qu'il soit d'y entrer à moins d'avoir toutes ces qualités, vous aurez détruit toute espèce de jalousie entre ces deux corps; la ligne dira la garde nous est réservée comme gratification, après de bons services et une conduite intacte. Tous les ans vous aurez un quart d'hommes à choisir dans ceux qui auront fini leur temps et se voueront pour la vie à l'armée; lorsqu'ils seraient vieux, vous ne les mettriez jamais aux vétérans avant de les envoyer aux invalides.

2° N'accorder l'honneur d'un pareil corps qu'à ceux qui auraient eu une conduite irréprochable. Les petits hommes, tels que nous les avons dépeints dans l'ouvrage, ne devraient pas être privés d'y entrer par leur petite taille, vu qu'un régiment de voltigeurs est aussi beau qu'un de grenadiers, afin de faire voir à l'armée que tout soldat qui aura les qualités requises, pourra y entrer sans autre protection que sa conduite et ses services.

D'ailleurs il n'y a pas assez de grades pour récompenser tous ceux qui le méritent; l'honneur de servir dans la garde orléantale sera la récompense du soldat qui n'aura pas été gradé.

Dès-lors la France reprendra sa première prépondérance, et puis le moyen d'éviter la guerre, c'est celui d'être toujours prêt à la faire à ses ennemis; tarder à organiser toutes ces choses est un mauvais moyen, par la raison qu'une armée a besoin d'être disciplinée un an d'avance. Oui, attendre une déclaration de guerre pour finir d'organiser une armée, est souvent un tort irréparable.

PLAN POUR FORTIFIER PARIS.

Description de la muraille qui pourrait entourer Paris en renfermant dans son sein moitié plus de terrain qu'il n'y en a ; noms des endroits, bourgs, communes, châteaux et moulins qui peuvent l'indiquer ; passage de chacun des lits des deux rivières qui devraient l'entourer, et indication des distances de leur parcours.

1° Faire passer la Seine par la plaine d'Ivry, regardant le château de Bercy, et lui faire rejoindre son lit à Javelle en face le Point-du-Jour, avec une muraille qui rendrait la prise d'assaut impossible.

Au nord, nous avons la Marne qui peut entourer cette muraille depuis Charenton jusqu'à Saint-Denis, en laissant couler une partie de cette rivière dans son ancien lit, et en laissant passer l'autre par l'endroit que je vais indiquer.

Les terres de leur lit serviraient à faire l'élévation de la muraille qui devrait suivre ces rivières.

2° Cette muraille aurait deux étages, y compris sa galerie, garnie de canonnières. En haut, un garde - four de cinq pieds de hauteur sur trois pieds d'épaisseur, enfin à l'épreuve du boulet. Il faudrait y laisser place pour dix-huit cents pièces de canon et deux cent mille canonnières ; celle des fusils serait seulement au premier étage.

3° La muraille devrait avoir cinquante pieds d'élévation sur les terrains plats, et sur les hauteurs de vingt à trente. Les bas-fonds devraient être au niveau afin de la faire droite. Il faudrait y joindre autant de tours que de grandes routes et de barrières. L'élévation des tours serait de vingt pieds au-dessus de la muraille ; chacune d'elles serait garnie de trente pièces de gros calibre. Il y aurait un pont-levis sur toutes les grandes routes, qui ne se lèverait qu'en temps de guerre.

4° Pour partager l'eau, il faudrait y pratiquer deux écluses, afin de faire couler une partie de la Seine dans Paris, et l'autre dans son nouveau lit jusqu'à Javelle. Les écluses pourraient même, au besoin, se supprimer, parce que deux lits étant d'une égale profondeur, prendront toujours la même quantité d'eau.

5° Défense de construire à l'avenir qu'à une demi-lieue autour de Paris. Cette muraille enveloppera une grande partie de la banlieue.

6° L'achat de ce nouveau terrain se trouvera compensé par la vente de l'ancienne muraille, dont les matériaux peuvent servir à construire la nouvelle.

Le terrain de l'ancienne est le double plus cher à cause de sa position commerciale.

7° Après cette muraille faite, dès-lors notre armée peut se poster d'un côté de la capitale et empêcher de la bloquer. Cent mille Français pourront la garder, et une armée de trois ou quatre cent mille hommes au-dehors pourrait avoir l'avantage sur deux millions d'individus qui voudraient l'assiéger. Plaise au ciel que le roi et nos chambres veuillent comprendre l'utilité d'une chose bien plus facile à exécuter que les chemins de fer de Paris à Orléans.

Si ce travail eût existé en 1813, la France aurait aujourd'hui un milliard de plus et ses provinces qu'elle a perdues ! Sans compter tous ces avantages, en cas de guerre, toutes les fortunes qui s'y réfugieraient feraient le désespoir de nos ennemis et assiéraient pour toujours l'auguste dynastie d'Orléans que la nation s'est donnée au grand regret de quelques envieux qui semblent nous menacer, parce que nous avons, contre leur vouloir, choisi un roi capable d'être grand et victorieux !

8° Les forteresses que l'on se propose de faire n'empêcheront pas les ennemis d'entrer s'ils sont en grand nombre. En un mot, ces forteresses ne seront qu'un demi-remède, car l'ennemi les éludera comme il fit des buttes Saint-Chaumont.

9° Une muraille de trente pieds, sans la Seine en dehors, peut s'affranchir par des troupes aussi belliqueuses que celles que nous aurons tôt ou tard à combattre.

10° En moins de dix années, le gouvernement aurait récupéré ses frais. D'un autre côté, il faudra la moitié moins d'employés à la douane et la fraude deviendra presque impossible.

11° La muraille renfermant toutes les grandes plaines, en cas de guerre Paris serait approvisionné d'une infinité de denrées dont il ne peut se passer.

12° Tenir aux lignes droites de cette muraille, est folie; mais il faut profiter, en passant, des monticules, des données qui pourraient nous faciliter à écraser l'ennemi. Tout le temps que nos ingénieurs perdront à tirer des plans, pourrait nous servir à creuser le lit de la Seine, quand il n'y aurait, fouilles faites, que le lit et des batteries bien établies dessus et élevées de quatre ou cinq pieds, dans le cas où l'on n'aurait pas le temps de finir cette muraille, chose qui pourrait bien arriver.

Le 2 octobre, j'étais dans la plaine d'Ivry. J'ai vu ces messieurs dressant des plans qui me semblaient bien développés; cela ne m'empêcha pas de persister dans ma première idée.

Encore une fois, l'ennemi aura soin d'éviter leurs forts, et il lui restera vingt endroits pour passer et bombarder

Paris. J'ai, depuis bien des années, réfléchi à cette muraille, qui devrait être faite et qui le sera tôt ou tard.

Faisons donc tout de suite ce qu'il faut, ne serait-ce que pour épargner le sang de nos nobles et courageux soldats. Je sais parfaitement que Louis-Philippe n'a pas besoin de tout cela pour s'immortaliser. Ses nombreux travaux, depuis dix ans, surpassent ceux de l'Empire, de Louis XVIII et de Charles X.

Revenons à la muraille, plus elle sera reculée et plus elle mettra Paris à couvert du bombardement. Elle devra être soutenue par cinquante-sept tours garnies de trente pièces de quarante-huit, lesquelles porteraient un quart plus loin que les petites pièces de campagne de nos ennemis. Oui, je le répète, les ponts-levis étant levés, la Seine et la Marne voguant à pleines rives autour de la muraille, nous n'avons plus qu'à aviser au moyen de chasser l'ennemi de notre patrie. Nos provinces, confiantes sur les forces de Paris, se lèvent en masse, vont droit à l'ennemi, et le chassent en le forçant d'être pris entre deux feux attendre la position de notre armée qui se tiendra toujours en dehors pour éviter un blocus.

Jugez de l'avantage d'un pareil plan ; on sait que Paris ne peut rester longtemps dans un blocus, à cause de sa grande population. On en a vu l'expérience au bout de cinq ou six jours dans les journées de juillet 1830, qui répandirent dans la capitale une sorte de frayeur : le pain et les denrées commencèrent à manquer chez les fournisseurs. Avec cette muraille, désormais plus de blocus.

Il ressort, pour le moins clairvoyant, que nos barrières ne servent à rien et que l'ennemi peut les franchir toutes sans exception. Il ne faudrait à la muraille qui entoure Paris pas plus de vingt coups de canon pour faire brèche partout où l'on voudrait. Elle ne peut donc passer pour rien en fait de forteresse.

Je ne prétends pas donner cela comme une nouvelle, je voudrais seulement qu'on ouvrît les yeux, et que, comme moi, on s'aperçût que Paris est à découvert pour ne pas dire aux trois-quarts, puisqu'il l'est réellement en tous sens au moins à moitié.

Si l'on voulait, dans l'intérêt de la France, me comprendre, on commencerait les travaux par les endroits les plus faibles, comme, par exemple, la plaine d'Ivry et tant d'autres endroits.

Description des lignes que la muraille devrait suivre.

La muraille prendrait au coin du pont de Neuilly, suivrait la direction de la Seine en renfermant Neuilly, Boulogne, le Point-du-Jour, Passy, et viendrait faire face au village de Javelle.

Là il y aurait un fort établi sur un pont de communication avec le Point-du-Jour.

Remarquons qu'il n'y aurait pas de lit à faire à la Seine depuis le pont de Neuilly jusqu'au Point-du-Jour, puisqu'elle conserverait son ancien lit ; le pont de Sèvres devrait se convertir en un pont-levis qui communiquerait par une voûte en dessous de la muraille. Il n'y aurait que le dessus du pont à faire, ainsi que tous les autres faits à l'avenir, lesquels se lèveraient à volonté en temps de guerre.

Observation sur la construction de cette muraille.

Lorsqu'on rencontrerait des hauteurs, on pourrait la faire un peu moins élevée ; mais dès qu'on arriverait à des bas-fonds, il faudrait avoir soin de la tenir toujours de niveau, afin de réunir l'utile à l'agréable. Sur le haut, elle devrait être assez large pour mettre vingt rangées de soldats de face, et devrait aussi avoir de trente à trente-cinq pieds de largeur. Pour cela on ferait deux murs, celui du dehors serait garni en briques et le dedans en pierres de taille , en remplissant le milieu de terre. Si on le voulait, dans les endroits secs et sains, on pourrait y construire des casernes d'infanterie et de cavalerie. Jugez quel service cela rendrait à l'armée, en cas de guerre, pour la commodité de l'eau, si utile aux hommes et aux chevaux!

La muraille une fois au village de Javelle, qui se trouve presqu'au niveau de la Seine, tant la plaine est plate jusqu'à Issy, suivrait un peu au-dessus du château de M. Duval. Un fort établi sur la hauteur d'Issy le mettrait à couvert, tant la donnée du sol offre d'avantage sur les derrières de ce château. A partir de cet endroit jusqu'au pont Valée (1), il y a deux côtes qui semblent présenter un lit à la Seine. Cette cavité a plus d'un quart de lieue. S'il y a quelques difficultés à vaincre, il y a aussi une foule d'endroits capables de dédommager.

L'on compte, depuis le village de Javelle jusqu'au pont Valée, une lieue et un quart environ qui n'offre aucune difficulté pour faire rejoindre la Seine à son lit au Point-du-Jour. Du pont Valée au Petit-Vanvres, la muraille viendrait prendre au bout du potager de M. Soulard, en continuant par les derrières de Montrouge, et renfermant les propriétés de M. Dalger, notaire; ce bout de plaine donne autant d'avantage que la plaine de Grenelle. On laisserait en dehors Bicêtre, en renfermant une bonne partie de Gentilly. La Seine passant dans la plaine, viendrait tomber dans la petite rivière de Bièvre (2) dont le bas-fond servirait à faire le lit de cette der-

---

(1) C'est un pont sur les chemins de fer de Paris à Versailles.

(2) La Bièvre est un fort ruisseau ainsi appelé à cause du village

nière. En coupant la plaine, on arriverait juste au clocher de Gentilly, et on remonterait le lit de cette petite rivière jusqu'à ce qu'on trouvât une donnée facile pour gagner le plateau, et reprendre direction en face le réservoir d'eau de Bicêtre (1), c'est-à-dire passer sous le pont Valée.

La muraille renfermerait ce réservoir en suivant la direction des octrois de Montrouge et de Gentilly, et se rapprocherait du lit de la Bièvre. Cette muraille pourrait peut-être s'écarter de quelques pieds de ces rivières, sans que pour cela on en fût moins à couvert. Pourtant elle devrait passer par le Petit-Ivry, au coin de la dernière maison du pays et tout près de celle de M. Tripier, en y comprenant le camp d'Ivry qu'elle laisserait à deux cents pas en dedans pour venir rejoindre le petit pont Voyette (2). Enfin, pour alignement, il faudrait prendre la fabrique de M. Paulier, marchand de charbon de terre, tout en face le château de Bercy. La muraille continuerait, après le pont fait, qui serait très utile aux commerçans de Bercy, à longer la Seine en renfermant Bercy, Conflans et Charenton ; elle prendrait au coin du château de feu monseigneur de Quélen, archevêque de Paris.

Ensuite, là on reprendrait la Marne pour la faire passer entre l'hôpital que l'on construit en ce moment à Charenton. Cette rivière se trouve séparée par une petite île qui la longe environ pendant un quart de lieue ; elle

où elle prend sa source. Elle traverse le faubourg Saint-Marcel et tombe dans la Seine au-dessus du pont d'Austerlitz. Cette rivière est assez forte pour mouvoir des moulins.

(1) Ce réservoir est alimenté par la Seine et fournit de l'eau dans tout Bicêtre.

(2) Ce pont est sur le chemin de fer qui conduit à Orléans.

se divise en deux branches, dont la plus petite fait moudre deux moulins ; l'une est près le pont de Charenton, et l'autre, au bout de l'île, en face les propriétés de madame Bernard. Cette île devrait nous guider pour l'alignement de notre muraille, qui renfermerait Gravelle, Saint-Maurice, et de là descendrait jusqu'au canal de Saint-Maur. En cet endroit il existe deux terrasses élevées de plus de soixante pieds jusqu'à l'embouchure du canal. Elle suivrait la Marne (bien entendu en dedans de Paris) en continuant jusqu'à Neuilly à bon quart de lieue; avant d'arriver au village de ce nom, on couperait la grande route de Strasbourg pour gagner le pied de la montagne d'Avron (1) qui fait face au château de M. Desbladis. Cette grande route n'est qu'à un quart de lieue de la montagne à plâtre nommée montagne d'Avron. Il faudrait très peu de travaux pour faire arriver la Marne au pied de cette montagne. Il y aurait deux directions pour faire rejoindre la Marne à la Seine, et entourer tout Paris au moyen de ces deux fleuves, à fort peu de frais. La première, de faire rejoindre cette rivière à Saint-Denis et de la faire passer entre Neuilly-sur-Marne et le château de M. Desbladis. Son lit est tout tracé de Neuilly-sur-Marne à Rosny, Bondy, Crèvecœur, et il n'y a par cette direction que quatre lieues.

La deuxième serait plus courte d'une lieue, en coudant la montagne d'Avron, qui peut avoir une demi-lieue jusqu'aux plaines de Noisy et de Rosny. Une fois la Marne de l'autre côté de la montagne d'Avron, on voit en ligne directe Saint-Denis. Ces deux plans offrent une pente si douce qu'on peut conduire cette rivière avec facilité dans

---

(1) Cette montagne porte ce nom à cause du château qui est dessus et qui se nomme le château d'Avron.

la Seine, en face Saint-Denis. Par ce moyen il n'y aurait que trois lieues de parcours. Il faudrait à peu près les mêmes travaux que pour la Seine, à partir du Point-du-Jour jusqu'au château de Bercy, ce qui ferait en tout six lieues à creuser.

On joindrait ainsi le canal de la Villette, qui n'offre aucune difficulté qu'on ne puisse vaincre avec facilité ; vu son élévation au-dessus des terres, on ferait aisément passer la Marne en dessous de ce canal, sans pour cela gêner les bateaux qui seraient susceptibles de le traverser. Jugez le commerce que la Marne procurerait ainsi au canal ! Une grande quantité de denrées se trouveraient apportées moitié plus vîte, par la raison que le chemin serait beaucoup plus court. Enfin, après avoir tout observé, jugé et mesuré toutes les pentes des collines et des plaines, et vu la profondeur des rivières d'après leur sol, j'ai reconnu que l'exécution de ce plan serait des plus faciles.

J'ai trouvé aussi qu'il est très aisé d'entourer Paris d'une muraille, et de faire couler au pied, d'un côté la Seine et de l'autre la Marne, qui mettraient notre capitale à couvert de nos ennemis.

Voulez-vous encore une sûreté de plus ? En creusant ces deux lits, ajoutez-y, de distance en distance, des écluses qui inonderont le peu d'emplacement qui resterait à nos ennemis. Remarquez tous les pays que je renferme dans Paris ! Remarquez aussi toutes ces plaines qui peuvent lui être d'un grand secours en temps de guerre ! L'ennemi serait privé de ressources dans tous ces petits pays.

Mon premier plan était bien moins avantageux que celui-ci, refait après six jours de marche sur les lieux, et pour lequel j'ai trouvé un résultat qui me paie de toutes mes fatigues. Oui, je le répète, la Seine et la Marne peuvent nous entourer. Voyez la muraille que les Chinois ont bâtie! elle a vingt-cinq mille tours sur une longueur de six cents lieues; jugez de ces travaux en comparaison de la muraille que nous pourrions faire.

Prouvons que de bonnes forteresses font la sûreté d'un grand royaume, et examinons ce qui s'est passé de nos jours.

L'an 1813, un corps d'armée se présenta devant Lille en Flandre et le cerna; il y avait de quarante-cinq à cinquante mille hommes; c'étaient des Prussiens. Ils essayèrent d'effrayer la ville par la feinte d'un blocus. Voyant que leurs travaux étaient sans résultat et qu'ils perdraient beaucoup de monde pour ne rien faire, ils se retirèrent devant les braves gardes nationaux qui endossèrent l'habit d'uniforme et se défendirent seuls comme des héros, en prouvant aux alliés qu'ils n'entreraient pas chez eux.

Toujours à cette même époque, 1813, un corps d'alliés se présenta également devant Saint-Malo pour y entrer; mais il ne le put, parce que nos braves Bretons avaient dressé des batteries qui défendirent très bien la ville. Plusieurs chefs demandèrent à y entrer seuls : on leur accorda cette grâce. Mais quelle différence d'entrer dans une ville avec soumission ou d'y entrer comme vainqueurs!

Rappelons-nous aussi la malheureuse affaire de Paris! Qu'avait demandé l'empereur Napoléon aux Parisiens? de tenir seulement deux jours, et l'ennemi était pris alors entre deux feux. Si le brave maréchal Moncey, qui commandait à la barrière de Clichy, eût eu une bonne muraille avec la Seine et la Marne en dehors, au lieu de deux jours il aurait tenu pendant six mois au milieu de vils et infâmes traîtres qui vendaient leur patrie, les uns par haine, les autres pour nous rendre esclaves.

N!en déplaise au prince Machiavel, lui qui ne veut de ville fortifiée que pour la résidence du roi, qui est la capitale, si nos villes du Nord n'avaient pas été aussi bien fortifiées, il y a longtemps que leurs anciens maîtres auraient essayé cent fois de les reprendre depuis deux siècles qu'elles sont en notre possession. Mais on me dira est-ce à la valeur française que nous en sommes redevables? à quoi je répondrai oui, quoique leurs murailles, leurs fossés et leurs ponts-levis n'aient pas moins contribué à nous les conserver et aient empêché leurs anciens maîtres d'y revenir

J'approuve Monsieur de Machiavel de défendre de fortifier une ville éloignée de son royaume et privée des bords de la mer ; l'expérience sert à nous démontrer que l'on travaille alors pour les autres, car tôt ou tard on s'en trouve chassé sans pouvoir y rentrer. C'est le cas où les forteresses sont inutiles.

Parcours de la Muraille.

Elle aurait environ quinze lieues de circonférence. Pour l'entourer, il n'y aurait en tout qu'un lit de six lieues à creuser pour les deux rivières.

Observations sur la Marne.

Il y a quelques années, les habitans de Nogent et des différens pays environnant la Marne auraient, soi-disant, remis une pétition M. Dupin, président de la chambre des députés.

Cette pétition émanait d'une société qui offrait, dit-on, quatre cent mille francs au gouvernement pour rendre la Marne accessible à tous bateaux, en arrachant ou coupant tous les pilotis (morceaux de bois ferrés) qui furent enfoncés dans cette rivière afin de consolider tous les moulins qui s'y trouvaient. (On sait qu'il n'y a guère que deux cents ans que la Marne est navigable pour de moyens bateaux plats.)

Jugez, si l'on voulait faire cette entreprise, que de millions cela produirait au gouvernement ! La Marne serait assez forte pour des bateaux à vapeur après ce travail fait jusqu'à Meaux en Brie seulement. On prétend que M. Dupin rendit compte de cette pétition aux autorités locales, en leur disant qu'on s'en occuperait à la prochaine session. Depuis il n'en a plus été question. Si un jour on adopte mon plan, la Marne et le canal de La Villette se se rendront de mutuels services.

Mon intention en publiant ces idées n'a pour but que de servir le pays et d'offrir mes faibles moyens au prince que nous avons glorieusement élevé, lui et son auguste famille.

Plût au ciel que mes avis pussent leur être utiles comme le sang que j'ai versé en 1830, et que je me propose encore, quoique blessé, de répandre si l'on tentait jamais d'enlever à notre monarque la couronne que nous lui avons si glorieusement mise sur la tête !

Les Français d'ailleurs ne subiront jamais un roi qui leur serait imposé par les baïonnettes étrangères.

FIN.

remis une pétition M. Dupin, président de la chambre
des députés.

Cette pétition émanait d'une société qui offrait, dit-on,
quatre cent mille francs au gouvernement pour rendre
la Marne accessible à tous bateaux, en arrachant on con-
part tous les pilotis (morceaux de bois ferrés) qui furent
enfoncés dans cette rivière afin de consolider tous les
moulins qui s'y trouvaient. (On sait qu'il n'y a guère que
deux cents ans que la Marne est navigable pour de moyens
bateaux plats.)

Jugez, si l'on voulait faire cette entreprise, que de millions cela produirait au gouvernement! La Marne serait
assez forte pour des bateaux à vapeur, après ce travail
fait jusqu'à Meaux en Brie seulement. On prétend que
M. Dupin rendit compte de cette pétition aux autorités
locales, en leur disant qu'il s'en occuperait à la prochaine
session. Depuis il n'y a plus été question. Si un jour on
adopte mon plan, la Marne et le canal de La Villette se
rendront de mutuels services.

Mon intention en publiant ces idées n'a pour but que
de servir le pays et d'offrir mes faibles moyens au prince
que nous avons glorieusement élevé, lui et son auguste
famille.

Plût au ciel que mes avis pussent leur être utiles comme
le sang que j'ai versé en 1830, et que je me propose encore, quoique blessé, de répandre si l'on tentait jamais
d'enlever à notre monarque la couronne que nous lui
avons si glorieusement mise sur la tête!

Les Français d'ailleurs ne subiront jamais un roi qui
leur serait imposé par les baïonnettes étrangères.

FIN.

www.ingramcontent.com/pod-product-compliance
Lightning Source LLC
Chambersburg PA
CBHW061245030726
47595CB00004B/1712